JN425099

# 어머니의 난중일기

**명호경** 시인은 전남 고흥군 나로도에서 출생하여 전남대학교 여수평생교육원 문예창작반에서 수강하고 2017년 리토피아 신인상을 받으며 등단했다. 현재 수협중앙회 목포어업정보통신국장으로 재직하고 있다.

e메일 : narodo12@hanmail.net

리토피아포에지 · 75
어머니의 난중일기

인쇄 2018. 10. 13 발행 2018. 10. 18
지은이 명호경 펴낸이 정기옥
펴낸곳 리토피아
출판등록 2006. 6. 15. 제2006-12호
주소 22162 인천 남구 경인로 77(숭의3동 120-1)
전화 032-883-5356 전송032-891-5356
홈페이지 www.litopia21.com 전자우편 litopia@hanmail.net

ISBN-978-89-6412-099-6 03810

값 10,000원

이 도서의 국립중앙도서관 출판예정도서목록(CIP)은 서지정보유통지원시스템 홈페이지(http://seoji.nl.go.kr)와 국가자료공동목록시스템(http://www.nl.go.kr/kolisnet)에서 이용하실 수 있습니다.(CIP제어번호: CIP2018031910)

명호경 시집

# 어머니의 난중일기

문학과 유토피아
LITERATURE & UTOPIA

# 시인의 말

대나무 숲 너머로
흔들리던 오늘이 지나고
아스라한 지리산 자락 넘어
붉은 하루가 아쉬움으로 간다.

서쪽하늘 노을 담은 내만內灣에는
상어 등지느러미 닮은 간출여가
바다를 가르며 항해 중이다.

여름 숲 흔드는 바람으로
등 뒤에서 밀려오는 파도소리로
어깨를 토닥이던 오늘이
푸르디푸르게 마음으로 스민다.

2018년 가을
명호경

차례

## 제1부

제2부

제3부

# 득량만 일출

부표 끝 깃발을 흔들며
바람이 얹혔다 지나가길 수차례
어둠도 미명으로 빗장을 풀었다

저시정주의보가 발효되고
안개는 바다 위 바다로 일렁이다 걷히면
물결이 햇살 태운 채 만을 향해 달려갔다

득량만 너른 품에서 평생을 산 어부가
밤새 조류 탄 그물 갑판 위로 올리고
싱싱한 파닥거림 잦아들 때 기다려
바쁠 것 없이 포구로 회항했다

하늘과 바다가 함께 붉었다가
전어의 등 닮은 유선형 해안으로
에메랄드 빛 바다 위로
둥근 희망만이 차오르고 있다.

# 초양도 유채밭에서

나부끼는 샛노란 안개로
카메라 초점이 흐렸다
움직이지 말고 그대로 있으라고
꽃들에게 그리 속삭였으나
여전히 초점은 흐렸다
돌아올 수 없음을 알면서도
바다 향한 가련한 몸짓마저
서럽디 서러운 봄날
'저의 진정성이 결국 거짓을 극복했다'며
휴대폰 진동모드에서
선거용 문자가 쉬파리처럼 윙윙거렸고
반성 없는 스팸이 쌓여가지만
유채꽃 끊임없이 나풀거리며
왼쪽가슴 위 박제된 노랑으로만
매달려 있지 않다는 사실이었다
노랗디노랗게 물결치다가
끝내 푸른 계절에 닿을 것이다.

# 농무濃霧

하얗게 어두운 곳에서
그만 길을 잃었고
하늘 낮게 내려와
바다와 하나가 되었지

경계 흐릿한 곳에서
안개에 먹히지 않게
귀를 세우고 소리에 집중할 때다
항로가 또렷해지는 그 때까지
날선 무중신호를 보내며
두 눈 부릅뜨고 사주경계를 해야만 하지

삶도 그렇게
등댓불 보이지 않던 칠흑 같은 밤
까마득한 수평선 위에서였다.

# 황석어젓

해 누운 칠산바다 너른 어장에서
한사리 조류 따라 흐르던 금빛 비늘이
안강망어선 자루그물에 갇혀 파닥였다
어항단지에 누런 배 드러내고
나무상자 째 부려지던 날
운명은 미리 정해져 있었듯
천일염에 치대 항아리를 채웠다
뚜껑으로 덮인 아득한 어둠이
서해 갯골 체향처럼 깊어지던 날
녹두밭 지심 매고
반상도 없이 부뚜막에 걸터앉아
점심 먹는 촌부村婦의 식은 보리밥에 얹혔다
어찌 이리 짭시롱도 구수할끄나
땡볕에 붉게 익은 얼굴에
아주 잠깐
미소가 금빛비늘로 번졌다.

# 금오도에서

빈 집 건너 두포리 비탈길 묵전에 잡초가 봄보다 푸르고 바작대기 끌며 돌아보는 농부 없이도 뺄논 자운영은 스스로 키를 키웠다 갯바닥 굴곡 깊은 파도 사이로 등이 굽은 노파가 파래를 뜯고 고둥을 잡다가 구경하는 외지인에게 먼저 말을 거는데 웃는 얼굴에 앞니가 하나도 없다

선창가에서 숭어잡이 이각망을 손질하는 어부 주름은 나이보다 깊고 마을회관 전봇대 사이에 복지어촌 건설은 내게 맡겨 달라는 선거 현수막이 공허하게 펄럭였다

비경에 취한 관광객이 서둘러 객선에 오르면 금오도는 홀로 일몰 속에서 타오르고 있다.

# 서설瑞雪

꽃잎에 눈이 내렸다

남해안에 눈 소식이 흔치 않은데
3월 중순에 소복이 쌓인 것이
상서로운 기운이라 입을 모았다

여린 꽃잎에게는 시련일 게 분명하다
그러나
눈바람에 추레해진 꽃잎을 향해
누구도 성급함을 비난하지 않는데
저 무모한 용기로
봄은 곧 전력질주 할 것이기 때문이다

시든 꽃잎의 애도처럼
꽃들은 촛불로 번지고
출발신호를 따라
손 시리다 않고

따듯하게 누릴 봄이다

이마 위로 꽃 같은 눈이 내려도
지금 나는 웃으며 걷는다.

# 정어리 쌈밥

코가 촘촘한 유자망 그물에 대가리가 박힌 그만그만한 크기의 멸치가 국동항 앞 해상 바지선에 그물채 부려지면 늙은 어부들은 뜨거운 햇살 속에서도 레인코트를 입고 오후 내내 멸치털이를 한다 사후강직이 끝난 후 이미 비린내가 발효되는 가운데 갑판장이 선창하는 노동요 리듬을 따라 일사분란하게 선원들이 어망을 채면 통통하게 살이 오른 몸체만 남아 노란 플라스틱 상자에 제 무게로 담긴다

위판이 끝나면 일부는 고소한 맛이 일품인 젓갈이 되고 또 일부는 시장과 식당으로 팔려 계절음식 정어리 쌈밥이 되는데 사실 정확한 학명은 멸치란 걸 뻔히 알면서도 한때 징하게 많이 잡혔던 생선이라 징어리라 불렀다며 우기면서도 글로 쓸 때는 생김새가 비슷한 청어과의 정어리라고 쓴다 남해군의 멸치와 차별화하고 이곳만의 자존심을 지키는 거라고 믿는 일종의 오기인 셈인데 냄비 바닥에 고사리를 깔고 손질한 정어리를 올린 다음 채소와 갖은 양념을 넣고 자글자글 끓여 짭조름한 것이 진짜 남도의 맛이다

〉

어둑발이 내리는 해양수산청 부근 쌈밥집 골목에는 이맘 때쯤이면 싱싱한 정어리 맛을 기억하는 여수사람들이 서로의 어깨에 팔을 걸고 나타나 정어리 조림으로 소주잔을 기우리며 정어리를 통째로 상추에 싸서 서로의 입에다 들이민다 등이 푸른 바다가 입안으로 들어왔다며 맛난 것은 좋은 사람과 나누는 거라는 사람들, 마음이 등 푸른 바다를 닮아가는 밤이다

# 개도 미역길

호정리 개꼬리를 바라보며
봉화산 오르는 길
서쪽 바다 위 섬 표정이 낯익다

섬에서 섬을 보다
그리움으로 가는 길
이끼 짙은 개울 물소리는 시린 청음인데
등줄기 흐르는 땀 체온보다 뜨겁다
가파른 오르막이 끝나는 곳
아찔한 높이 암석해안으로
너울성 파도가 숨비소리를 내는데
고단한 삶 위로의 말처럼 살갑다

해조류 따던 섬 여인들이 만든 미역 길,
구불구불한 소로 끝자락에
고난과 함께 위안이 준비되어 있었다.

# 수산시장의 봄

쇄빙을 배달하는 제빙공장 안주인은
봄보다 옷차림이 화사해지더니
수산시장 골목마다 겨울 잔영을 털고 다녔다

그 톡톡 튀는 밝음으로
누군가의 가슴이 녹아날까 봐
제방공장 바깥주인은
와룡산에 걸린 비구름처럼 어둡기만 한데

그날 밤,
수산시장이 비로 흠뻑 젖어
추웠던 계절의 흔적을 씻었고
지금은 직사각형 얼음겨울이 급냉실에 있다

봄이니까
봄이라서
얼음조각 사이 물젖은 햇빛만 번들거린다.

# 그 해, 봄은 오지 않았다

풋사랑에 모든 것을 건 무모했던 남자
그녀 저울질에 이루지 못할 사랑은
제초제 한 병 비우고
함께 할 수 없는 세상을 끝내고 말았다지

부친이 그의 생일에 심었다던
뒤안 매화나무 밑동은 굵지 않는데
사흘 내내 꽃향기가 나 오지게 슬펐다지

화장장으로 가기 위해 골목을 나설 때
꽃잎이 떨어져 나부꼈고
향기도 따라 왔었다지

부모 앞서는 놈은 사람도 아니라고
모친의 서러운 오열은 이어지고
꽃잎 사이 세상도 하얗게 흐려졌지

그 해 매화가 흐드러지게 피었지만
끝끝내 봄은 오지 않았다지.

# 환생幻生

눈보라가 꽃처럼 나부끼던 날
뼈 속을 파고드는 한기 느끼며
나의 편 한 분을 보내드렸다

고관절 수술 후 무릎을 세운 채
여덟 해를 자리보전 하시다
입관식 때도 부메랑처럼 다리를 구부리고
돌아올 수 없는 길을
마치 돌아올 거라는 표식을 남기며
영면의 길로 떠나셨다

묘자리 황토 구덩이에
눈과 바람과 추위도 유골과 함께 묻고
좋아하시던 담배에 불을 붙여드리자
거친 바람통에도
작은 새 한 마리가 묘 주변을 서성거렸다

〉

막내처제는 아버지 영혼이 오신 것 같다며
더 슬프게 우는데
굽은 무릎이 보낸 메시지를 생각하고
내 눈길도 한참동안 새 동선을 쫓았다.

# 성실한 노동명 씨

악수를 하자마자 그의 근면함이
오른손바닥으로 전해졌다
갓 마흔을 넘긴 나이지만
굳은살 박힌 거친 손에서
삶의 강도를 알아차렸다

거센 물결이 와류하는
돌산 화태대교 아래 가두리 양식장에서
그는 젊음을 담보한 채
농어며 우럭을 키우며 바다로 산다

아침 일찍 알림창이 뜨자마자
오늘은 생일이니 물고기도 굶기고
노동 없이 하루를 보내라며
착한 어부에게 문자를 보냈더니
노동으로 명성을 떨쳐보겠다고
이름보다 더 성실한 답장이 왔다.

# 화장실 낙서

대학병원 화장실에
심장, 비장, 췌장, 신장이 낙서 되어 있고
아래에는 다른 굵기의 펜으로
간장, 게장, 춘장, 된장이 적혀
요리사가 다녀간 걸 추정할 수 있었다

병장, 준장, 소장, 중장, 대장에 이어
경장, 경정, 총경, 청장이 적힌 걸로 봐서
계급에 꽤 해박한 사람도 다녀갔나 보다

그 아래 '젠장'이라고 굵고 짧게 적은
한 비관주의자도 다녀갔고
남장, 여장이라 적힌 예쁜 글씨체를 보니
성 정체성을 고민하는 누군가도 다녀갔나 보다

선장, 어장, 염장을 적어볼까 하고
안주머니 펜을 찾는 날 발견하고 웃는데
변기 안에서 파도가 출렁였다.

# 노량포구 다방에서

커피를 주문하자
아메리카노가 나왔습니다
양촌리 커피를 마셔볼 생각이었는데
요즘은 작은 어촌 다방도
원두커피가 대세인 모양입니다

출입문 안쪽 구석에는
신문지를 깐 바닥부터
천정에 닿도록 연탄이 쌓여있고
앞에는 노란 소국 화분이 놓여 있습니다

알루미늄 문이 삐거덕거리거나
바람이 문틈으로 파고들 때마다
마담 할머니는 시린 무릎을 주무르며
어업이 활황일 때는
사람들로 욱시글득시글했다면서
지나간 날을 응시하고 있습니다

손님, 오늘은 참 쓸쓸합니다
시월 마지막 날이거든요

커피에 즈민 낙엽향,
프림 대신 시월이 한 스푼 담겼습니다.

# 억새

알랑거리는 끄덕임에 안심하지 마라

스치기만 해도 상처를 내고 말겠다는
이슬과 바람으로 날을 세운
저 잎들의 거침없는 독기
바람을 읽어내는 유연함에
칼보다 억센 살의는
단전 아래 까마득히 감추었다

동조는 생존을 위한 버릇일 뿐
뿌리마저 흔들린 적 없이
적개심엔 아직 파릇한 빛깔이 돌고

속없이 알랑거리는 흰 머리칼마다
핏빛 석양으로 물들어 간다.

# 가을여자

오십 줄에 들어선 아내가
오늘 내내 마흔 살 여자처럼 굴었다
앞집 젊은 아주머니가
자기와 비슷한 연배인 줄 알았다며
공치사 한 걸 가지고
거울을 자꾸 들여다본다

혹시 돈 꿔 달라고는 않더냐고
헤살을 놓으려다 말고
좋은 기분 지켜 주었는데
해바라기 같이 펑퍼짐한 여자가
코스모스처럼 살랑거리는 바람에
잠깐 예전 모습이 보였다

내 추억 속 그녀도
수줍은 소녀로
나풀거리는 바람으로
가을처럼 아직 날 설레게 한다.

# 녹두 석 되

추석 때 송편 소로 쓸 요량으로
샘가 텃밭에 녹두를 심으시고
한 홉 한 홉 따 모아 석 되를 수확하셨다
유난히 더웠던 올여름
녹두알보다 더 흘리셨을 땀방울들
굽은 허리는 더 굽었고
몸살로 며칠을 끙끙 앓으셨다
녹두 한 되 시세가 이만 원이니
총 육만 원을 번 셈인데
동희네 어메가 초등학교 운동장 김을 매고
일당으로 칠만 원을 받았다며
한 해 농사가 하루 품삯도 안 된다고 혀를 차셨다
애석해 하지 마시라고
생수병에 담긴 녹두 한 되를 받아오며
이십만 원을 셈해 드렸는데
그래도 자식 농사는 잘 지었다고
속으로는 흡족하셨을라나

# 철쭉

아파트 사이
해는 지고
사월도 다 가는데

철 다 지나도록
쭉 피어 있는
꽃

# 반딧불족

밤이 깊었다

엉덩이를 슬쩍 만져본다
가만히 있다

허리 위에 팔도 올려본다
가만히 있다

잠들었다

침대에서 빠져 나와 비상계단으로
뒤꿈치를 들고 내려간다

쓰레기장 옆 재떨이 옆에 서서
담배를 피웠다

너만 그리 사는 게 아니라고

여기저기 반딧불이 반짝였다

한꺼번에 두 개비를 피우고
슬리퍼를 끌고 돌아가는 모습도 닮았다

아내를 재워놓고 나온
심정적 동지이자 폐가 검은 형제들이다

# | 제2부 |

# 봄동

푸름에 웅크린
지난 겨울날의 음산한 그늘

체온보다 낮은 언 땅에서
끝내 봄을 키워낸다

계절보다 먼저
계절보다 더 푸른

서러움 말끔히 지운
달달한 부드러움

입안에서 사근거리는
봄 또는 겨울

# 보리피리 · 2

늦은 밤, 소리는 지남철처럼 그녀를 이끌었고
신작로 옆 푸른 이삭들이 바람을 타고 한참을 흔들렸다
자신의 딸이 한통속이었다는 것을 알 리 없었던 밭주인은
다음날 아침, 보릿대가 누운 것을 보고
어느 놈인지 잡히기만 하라고
온 동네가 떠나가도록 악을 써댔다
보리밭에 암꿩이 품은 알처럼 생명이 자라자
평소에도 심술이 이만저만이 아니었던 아비는
보리피리 불었던 총각을 불러다놓고 악다구니를 부렸지만
성천 소나무에 목을 매달고 죽겠다는 처녀 기세에 놀라
이내 풀이 죽고 말았다

그해 겨울 처녀는 배가 부른 채
내가 다녔던 초등학교 3학년 2반 교실에서 혼례를 치르고
한동안 새신랑 입이 귀에 걸려 있더니
방위복무 마칠 때 쯤 딸아이를 낳아 고향서 말뚝을 박았다

〉

보리이삭에 바람 스치듯 세월은 흘러
그 딸이 농어촌특별전형으로 이화여대에 입학을 하자
마을에서는 총각이 처녀를 품은 곳이
보리밭이 아니고 배밭인지도 모른다는 소문도 돌았다

그 후 동네에선 한밤 보리피리 소리를
딸자식 둔 아비 애간장 태우는 석유라고도 하고
처녀 가슴 뒤흔드는 세레나데라고도 했는데
보리피리 소리가 적막을 깨는 밤에는
아비들 헛기침으로 동네가 들썩들썩하기도 했다.

# 깊어지는 집

기왓장에 낀 검은 이끼로
세월을 가늠할 수 있는 오래된 집은
스스로 깊어진다

새로 난 아스팔트 도로 아래로 낮아지고
고층 아파트 그림자에도 묻혀
사람들 기억으로부터 멀어지자
낮은 자리로 파고들었다

뒤뜰 늙은 갈참나무가
가슴에 담아 지켜온 그리움이
저녁 햇살에 키를 늘리자
마당 풀 사이 바람이 사각대더니
아이들 수런거림이 들리는 듯했다

낯익은 얼굴들도 헛간 누렁이도
끝내 돌아오지 않을 것을 아는

기다림 깊어지는 집에

이른 어둠이 내리고 있었다.

# 난꽃 향기

긴 겨울의 위로처럼
향기가 먼저 왔다

코끝 맵도록 와 닿는
다디단 내음

물을 주며 잎을 닦은
정성의 보답으로

꿀물 흐르는 봄이라고
온 세상이 환하다.

# 이사 가던 날

아쉬움이었던 거야
그 날 긴 밤이 다 새도록
참 많은 겨울비가 내렸던 것은

집 옆 오르막길 옹벽이
밤 내내 위에서부터 젖어들었고
흘리는 눈물 닮았다는 생각을 했었으니까

잠깐 그 비가 그친 아침 서둘러
이삿짐을 싸고 정들었던 곳을 떠나왔지

다시 봄이 시작되면
낯선 이곳도 정이 들 거라고
막내딸을 다독여 주었지

그날은 내내 가슴 안에서도
겨울비가 내리던 밤이었지.

# 고장 난 벽시계

하루에 딱 두 번
정확한 시간을 맞추는 벽시계

늦잠을 자고 만 아침
벽시계를 보면 안심이 된다
6시 37분,
서두를 필요가 없는 시작이다

회식을 하고 퇴근이 늦은 밤
6시 37분,
여유로운 저녁이 보장된 삶이다

아침에도
저녁에도
조급하게 살지 마라는 무거운 묵언

그놈 참 호상好喪이다

# 삼천포에서

여수에서는
남해 미조항에서 해가 뜨고
여자만을 지나 율촌 와온마을로 졌다

낯선 삼천포에서는
남일대 화력발전소 굴뚝 위로 해가 뜨고
남해 금산을 넘어갔다

해가 뜨던 남해에서
해가 지는 남해로
서쪽 하늘 아래 그곳
익숙하지 않은 그리움 자리

타는 구름 사이를 빠져나온 해도
어둠에 든 저녁 무렵
해가 진 서쪽 하늘 낙조는
충혈 된 나의 눈을 닮아있다.

# 봉남 고모님

니기 아부지 미워하지 말고 살어라
고등학교 졸업 못하고 원양어선을 타는 데도요
그래도 니기 아부지 아니냐
고모 아들 대학 댕길 때 배에서 잠도 못 자며 돈 벌었어라
니기 아부지가 니 고생 시킬라고 그랬 것냐
낳기만 했다고 다 아부지는 아니재라
니도 담에 어른 되면 아부지를 이해하게 될 것이다
황파에 시달리며 아홉 시 뉴스도 못보고 보내는 청춘인디요
그 말에 고모님은 끝내 눈물을 훔치시고 말았다

내 나이가 그때 아버지만큼 된 후에도
나를 보면 뉴스도 못 보고 산다는 말에 짠했다며
등을 토닥이는 봉남 고모님

손길은 여전히 따스하다.

# 가을 끝자락, 피아골에서

산 위로도 산 아래로도
온통 떠나보내야만 하는
계절의 마지막 피날레

계곡 따라 흐르다
와류를 돌며 악수 청하는
다섯 손가락 쫙 편 붉은 낙엽

쌀밥이 될 수 없었던
덧없는 이데올로기
손가락 사이를 빠져나간 욕망
외로운 자의 시간屍姦으로
음지가 술렁였다

산 그림자 내려와 어둠 깊어질 무렵
차디찬 계곡 바위에 누워
파르티잔의 계절
소주小注 눈물을 들여다본다.

## 창우와 어머니 이야기

거친 막일로 가족을 부양했던 창우 어머니는 고단한 삶의 흔적으로 정수리 부분에 머리카락이 없어 연세보다 훨씬 더 늙어 보이셨다. 창우 말을 빌리자면 부산 대아호텔 신축 공사장에서 시멘트와 모래를 머리에 이고 나르는 막노동으로 아들들 학교 등록금과 생활비를 벌어야 해 살갗이 벗겨지도록 일해 머리카락이 빠졌단다.

자신이 어른이 되면 고생하신 어머니를 이곳 호텔로 모시고 좋은 음식을 드시며 편안히 주무시게 하겠다는 각오를 버스를 타고 지나칠 때마다 했다는데 막상 원양어선을 타고 생활이 나아질 만하자 어머니가 위암말기 선고를 받으셨고 작은 것을 누릴 시간조차 주지 않느냐며 신과 세상에 원망과 울분을 쏟아냈다.

승선계약을 미루고 간병하던 중 암환자에 좋다는 약을 백방으로 찾아다녔고 자작나무에 기생하는 차가버섯 분말이 항암효과가 있다는 소문에 고가로 구입했지만 다 드시지도 못한 채 숨을 거두자 슬픔이 바다보다 깊었다.

고생고생만 하시다 가셨다고 들썩이는 어깨를 토닥이면서

도 위로가 될 수 없다는 사실에 내 손도 떨렸다.

창우는 아직 거친 바다에 있다. 가난을 벗어나 보겠다는 일념으로 혹독한 추위의 남빙양에서 심해어종 파타고니아 이빨고기를 잡는 연승어선 일등항해사로 있는 그 역시 실제 나이보다 더 나이 들어 보이는 것은 머리카락이 없는 정수리 때문이다.

# 어머니의 난중일기亂中日記

산에서부터 소나무가 쳐내려오고
마을 쪽에서부터 대나무 밀고 올라오고
유자밭이 진퇴양난이다
성근 두충나무 방호벽을 뚫고
가장자리는 대나무 첨병들이 점령하자
유자밭을 지켜내겠다는 일념으로
노모는 낫을 들고 올라갔으나
웃자란 잡초들의 저항에
낫질할 엄두조차 내질 못하고 내려오고 말았다
놉을 사려 해도
젊은 사람이 마을에 없다는 사실에 시름하다
봉화를 대신한 휴대폰을 들고
만만한 막내아들에게 지원요청을 한 후
주말에 내려가 풀을 베겠다는 약속을 받아내신다
토요일 내내 예초기 굉음이 유자밭을 지배하고
대나무와 어린 소나무 밑동이 잘리며 내는
단말마의 비명이 끊이질 않았다

포연탄우砲煙彈雨 시간이 지나고
유자밭이 본래의 모습을 되찾자
이내 입가에 흐뭇한 미소를 지으시며
고생했다는 말과 함께 아들에게 수건을 건네시는데
노모는 내년 봄까지는 휴전을 이어갈 것이다
잡초들이 차지했던 자리마다 푸른 햇살을 받으며
유자나무는 노란 꿈을 키우다
은은한 향을 바람결에 풀어놓을 것이다.

# 가슴 터지게

아득한 세월을 돌아
오랜만에 만난 반가운 얼굴들이
눈빛 앞세워 옛 추억을 찾아가는 저녁
가슴 터지게 한 번 안아보자는
남자 동창생의 짓궂음에도
작아서 절대 터질 염려는 없다며
오히려 팔 벌려 다가서는
농익은 아줌마가 낯설다
지천명을 넘어서
아들들을 군대 보낸 중년부인이 된 지금
처지지 않는 것도 어디냐고
소녀 때와 별반 다르지 않다고
위로를 건넸는데
깔깔대며 자신하는 그녀들,
그냥 피식 웃어주었다.

# 곰취

30여 년 만에 연락이 닿은 친구가
흘러간 세월 동안 얼마나 변했을까 궁금하다며
강원도 태백서 한 걸음에 여수를 다녀갔다
그리고 며칠 후
라면박스 가득 곰취가 향까지 담겨 배달되었는데
내게 보내려고
높은 산 습지를 헤맸을 정성에 가슴이 먹먹하다
저녁 밥상에 곰취 나물은
볼 넓은 접시 가득 담기고
푸른 생잎에 삼겹살을 싸서 먹었더니
고기 비린내를 잡아주며
쌉싸래한 맛과 향이 입안을 돌아
코끝에서 깊은 산골내음이 퍼진다
따뜻한 포만감에
마음도 따라 부르는 풍성한 저녁이다.

# 꽃게잡이 한일호

소리도 사이로 떠오른 달빛에
편백나무 키를 그림자로 키우는 밤
능선과 하늘의 구분이 또렷하다

바다에 달빛이 풀리기를 기다려
연안자망어선 한일호는
갑판에 그물을 가득 싣고 출어하는데
파도의 결 따라 뒤뚱거리며 보돌바다로 나선다

봉래산 꼭대기 위 북두칠성이
깍지 낀 두 손을 뒷머리에 바치고
비스듬히 누워 발을 꼬자
바다는 한순간 조업선으로 소란스럽다

꽃게 금어기가 끝난 이맘때쯤이면
나로도수협 위판장도 관광객으로 술렁이는데
게딱지가 물렁거리는지 손가락으로 누를 때마다

니퍼에 잘린 한 개짜리 집게발을 쳐들고
공허한 위협을 해대는 것이다

밤샘조업을 했던 한일호 선장 평남이도
오후 햇살이 나무그늘을 키우는 내내
와상에 퍼질러 누워
바다보다 깊은 단잠에 빠져있다.

# 나비, 검은 무늬를 지우다

마늘쪽 같은 불알을 흔들며
능숙하게 돌담을 타고 넘는 노랑무늬 고양이
앞마당을 마치 제집처럼 어슬렁거리는
보무도 당당하다
대문밖에 있던 놈은 등치가 커지자
우리 집 마당을 허락도 없이
자신의 영역으로 등기하고선
처음엔 나비 밥그릇을 노리더니
보름 전부터는 몸을 탐하기 시작했다
놈을 완강하게 거부하던 나비가
며칠 전 대가리를 바닥에 문대는 틈을 타서
잽싸게 나비목덜미를 물며 덮쳤는데
나비 울음이 처절해 괴기스럽기까지 했다
그날 이후 놈은 앞마당에 상주하며
기둥서방 노릇을 하는 꼴이 볼썽사나워
헛 돌팔매질로 쫓아 보았지만
금세 돌담을 타고 다시 넘어 들어와

나비 밥그릇에 코를 처박는다
그 순간, 나비가 놈의 곁으로 다가가
몸을 부비며 얼굴을 핥아준다
나비는 이제 곧 검정무늬를 지우고
노랑무늬 새끼를 낳을 것이다.

# 노을 지다

—현기 엄니를 기리며

현기네가 금당도에서 나로도로 이주하여
마을 일원으로 녹아들 수 있었던 것은
순전이 현기 엄니의 선함 때문이었다

억울한 사연이 있어도
동네사람에게 다 져주고
등치가 적잖았음에도
미안하다 고맙다는 말씀을 잘 하셨다

겨울바다에서 채취해 말린 김을
집집마다 한 톳씩을 돌리며
마음씨 좋게 나누는 인정 때문에
마을사람들도 현기네를 동네사람으로 받아들였다

글을 읽지 못하는데도 한 번 들은 유행가
가사를 다 외워서 부른다며

비상한 아짐이라고 혀를 내둘렀는데
그 때문인지 현기 동생 현일이는
포항공대에 합격해 동네 자랑거리였다

얼마 전, 현기 엄니가 향년 85세의 일기로 별세하셨는데
그날 긴 장마 중에 해가 잠시 나더니
나로도 서쪽 하늘 노을이 유난이 붉었다
천당으로 가시는 길에
잘 지내시씨요, 동네사람에게 작별인사를 하며
눈이 벌겋게 흘린 눈물이었다고 믿게 된 것은
노을이 지고 다시 비가 참 많이도 내렸기 때문이다.

# 바람의 넉살

아낙이 늘 저기압이었던 것은
사내의 마음을 얻지 못한 무력감 때문이었다

좋은 시절 다 보내고
늘그막에 돌아온 사내에게
밥상을 차릴 때마다 궁시렁거리면
이렇게 돌아왔으면 됐지 않냐며
끝내 미안하다는 말 한마디 없는
당당한 모습에 더 부아가 치밀었다

늙어버린 세월이 억울했던 아낙이
뿌린 눈물은 철철 가슴으로 흘러
도랑보다 깊게 패였다는 넋두리에
사내는 그것 또한 당신 삶이라 했다

미워하던 사내가
영영 떠난 것도 어느덧 여덟 해

아낙은 미워할 대상이 없다는 것에
오늘 또 저기압이다

초저녁부터 불 꺼진 집에
돌담 주변 살랑살랑 바람이 일자
사내가 심었던 감나무는
어둠에 소곤대기 시작했다.

# 바다에서

가로의 시선으로 바다를 본다
네 눈 속 아름다운 그 곳
내 기억 속 아픔의 그 곳

쪽잠으로 나던 긴 하루
손톱 밑 새 살이 자라
밖에서부터 안으로
회색 선들이 영역을 넓혀가던 고통

손마디 사이 굳은살이 갈라져
선혈이 뚝뚝 떨어지는데
낚싯줄 당기는 것을 멈출 수 없었던
어제 일처럼 생생한 그곳에서
넌 아름다움을 말하고
난 뼛속까지 그리웠던 간절함을 얘기한다

이제 세로의 시선으로 바다에 나서는데

고난으로 기억된 아픔들이
나지막이 희망을 속삭이기 시작한다.

# 가을이 깊다

가로등 아래 거미줄을 치고
빛 찾아 날아드는 먹이를 노리는 것은 본능이다

거미줄 아래 풀숲에서 들려오는 귀뚜라미 울음은
오롯이 가을에 대한 경의이자 열정이다

거미는 가을을 살지만 가을이 될 수 없고
귀뚜라미는 여름에도 울지만 가을일 수밖에 없다는 사실

울음만으로 가을 문이 스르륵 열리고
마음도 서정을 찾아가는 빗소리마저 맑은 날

귀뚜라미 깊어지는 울음에서야
가슴이 공허하다는 사실을 알아차렸다.

| 제3부 |

# 증도 일몰

세월은
어머니 걸음을 더디게 만들었다

이제, 섬의 길이
어머니 발걸음에 맞춰 느린 길이 되었다

해찰부리며 걸어서 좋은 길

시간이 더딘 걸음으로 와서
쉬엄쉬엄 가도 좋은 시절인데

짱뚱어 다리 저편 서쪽 하늘로
이미 노을이 붉다.

# 벚꽃 지다

섬진강 벚꽃 육십 리 길에는
강물도 꽃으로 흐른다

문득, 저승반점이 덕지덕지 앉은
쌍계사 입구 고목나무 안부가 궁금했고
계절을 잊었으면 어쩌나 하는 걱정으로
서둘러 차를 돌려갔다
내 염려가 무색하게
노익장을 과시하고 계셨는데
꽃그늘 환한 터널로 꽃 멀미가 나게 회춘을 하셨다

꽃길을 젊은 연인이 영화에서처럼 걸었고
풋풋한 선남선녀를 바라보던 아내는
우리도 저런 시절이 있었냐고 물었지만
발끝에 눈길만 주고 걷던 나는
아무 대꾸도 하지 못하다가
젊음도 한때라는 말에서야

한방에 훅 가는 게 청춘이라고 맞장구를 쳤다

우리 부부가 돌아 나온 길에는
한 잎, 두 잎 가버린 청춘에 대한 위로처럼
꽃비가 내리기 시작한다.

## 조용한 윷놀이

두꺼운 겨울점퍼를 벗지 못한
마음의 온기를 잃은 어르신들이
햇살이 드는 곳에 덕석을 깔았다
모가 나왔다고
윷이 나왔다고
함성이나 환호도 없이
조용한 윷놀이를 즐기는 중이시다
칠순 넘긴 어르신은 망을 보다
순찰차라도 다가오면
어김없이
프로야구 주심처럼 수신호를 하시는데
노인들이라 믿기지 않게
참 일사분란하게 흩어지신다
햇살은 쏟아지는데
마음의 온기를 잃은 어르신들은
동네 후미진 곳에 모여
단절된 세상을 향해
쓸쓸함을 던지는 중이시다.

# 과속방지턱

지금부터 내리막이야
오랜 오르막에 대한 보상으로
아득한 저 아래까지 온통 에메랄드빛이다

페달에 발만 올려놓아도
소리 없이 내달리는 아우토반
가속을 줄이지 못하면
돌산 동바다에 물수제비 뜨며
금산 보리암까지 다다를 것 같은

세상에 거침없는 자유는 없다고
긴장 늦추면 안 된다며
그게 바로 삶이라고
쉴 새 없이 조잘대는 잔소리

늦은 밤에서 이른 새벽까지
눈치 없이 뇌까리는 배부른 염려가
사선으로 길바닥에 딱 누워 있다.

# 앵두꽃

할머니, 체리 익어가나요? 손녀딸 이른 성화에
뭐? 철이가 일어나? 할머니 대답이 수화기를 넘어왔다
한참을 서로 답답해하다
열매처럼 얼굴 붉히다
꽃처럼 다시 웃다가

할머니는 전화를 끊자마자
앞 화단으로 나가시고
앵두꽃 가리고 선 종려나무를 원망한다
열매도 쓸데없는 것이 갈잖게 키만 커서 지랄이여

할머니 낯빛이 검붉어지는 저녁
고향집 돌담 위에는
오월이 오기도 전에 앵두부터 익겠다.

# 다림질

가까운 산이라도 다녀오자는 말 무시하고
주말 내내 소파에서 뒹굴었다
일요일 밤,
뿔이 천정까지 자란 아내 눈치를 살피다
와이셔츠 다리는 세탁방에 따라 들어가
얼른 아내 무릎을 베고 누워
다림판 위 옷 말고
내 이마 주름도 펴달라며 간살웃음 흘리자
화난 표정 위로 살짝 미소가 스쳤다
번득이는 재치가 아침밥을 건졌는지는
내일 해가 떠 봐야 안다.

# 서열

Ⅰ.

친구 부부는 강아지와 산다
알뜰하게 챙기는 아내와는 달리
깔끔한 성격의 친구는
집안에 개털이 날리는 것도 못 견뎌 한다
아내가 계모임이라도 간 날에는
강아지 군기를 잡다가도
현관 번호키 누르는 소리와 함께
서열이 강등 되고 만다
다시 아내가 1위가 되고
서열 2위 강아지는
친구가 무슨 말만 하려 해도
송곳니 드러내고 으르렁대니
만만한 서열 3위는 없는 꼬리부터 내려보지만
이미 아내 눈 꼬리가 사납다

Ⅱ.

우리 집 늦둥이 막내딸은 자칭 서열 2위다
깐깐한 엄마는 우두머리
만만한 아빠가 3위, 오빠는 4위다
문제는 오빠와 둘만 있으면 서열이 뒤바뀌는 것인데
서운한 맘 꾹꾹 눌러 참았다가
아빠가 퇴근하는 저녁이면
서러운 감정을 더해 어깨까지 들썩이며 운다
누가 있으면 명품 연기가 더하다는 고자질에
오빠 할 일이나 잘 하시지
서열 2위 서릿발 같은 노여움이 사납다.

# 은혜미용실

월급은 오르지 않는데 이발 비용만 오른다며
동네 미용실로 가라는 핀잔을 듣는다
할머니들 수런거림이 수건처럼 널려 어지럽고
낡은 의자는 세월의 독백처럼 삐걱거렸다
어떤 스타일을 원하느냐는 물음에 "짧게요" 라고 답하자
두상이 예쁘다는 둥 얼굴에 관복이 있어 보인다는 둥
듣기 좋은 말만 하니 거울 속 얼굴은 속없이 웃고 있다
내 두상이 예쁘기는 한 걸까를 생각하다 깜박 졸았다
샴푸하는 손아귀 힘은 어찌나 좋은지
두피가 박하사탕 깨문 것처럼 개운하다
단정하게 드라이어로 스타일을 잡아주자
거울 속 모습에 관복이 있는 것 같기도 하다
같은 동네 주민은 칠천 원만 받는다니
아, 가격마저 은혜로운 집
우리 동네 은혜미용실

# 저는 귀가 어둡습니다

제가 서 있는 오른편에서
가슴 아픈 얘기를 하거나 질문했는데
머리를 위아래로 끄덕이며
씩 웃으며 답하지 않을 때는
알아듣지 못했다는 뜻이랍니다
몇 년 전 어느 날
갑자기 오른쪽 귀 청력을 거의 잃어
지금 잘 듣지 못합니다
슬픈 얘기에도 웃고 있는 저를 보시거든
남의 아픔도 함께 나눌 줄 모르는
배려 없는 놈으로 생각지 말아주십시오
그리고 되도록 욕은 오른쪽에서
칭찬은 왼쪽에서 해 주시면 좋겠습니다
그 방법을 이미 쓰고 있는 아내와는
싸움 한 번 않고 잘 지내고 있으니까요.

# 손편지

연애편지 대필하고
학교매점 잔치국수를 얻어먹었다
먹어도 배고팠던 시절
사시사철 차디찬 바람만 불던
서러운 계절이었다

어머니께 편지를 썼다
지긋지긋한 가난이 끝나면
미워하지 않고 살겠다고
내리던 빗소리에 울음을 풀어 놓았다

남의 소유 야산에서
땔감나무를 몰래 해 머리에 이고
서둘러 집에 돌아와서 보니
고무신이 벗겨져 맨발이더라고
이렇게 하지 않으면 살 수 없는 걸까?
어머니 물음이 답장으로 왔다

겨울비가 가슴으로 내리는 밤,
아내에게 국수 야식을 부탁하고
팔순 훌쩍 넘기신 어머니께 편지를 쓴다
세상에 대한 미움은 이미 다 걷었다고

어느새 비가 눈으로 바뀌고
하얀 쌀밥처럼 세상을 덮기 시작한다.

# 가요무대

늙는다는 건
식은 밥처럼
열정을 잃어가는 과정이다

마당 가로지른 긴 빨랫줄에
오남매 옷가지를 대신한
집게 꽂힌 가을하늘마저 공허하다

이제 어머니는 더 이상
월요일 밤 열 시를 기다리지 않으신다

위성셋톱박스에서 정맥을 통해
수혈되던 미지근한 피는
한낮에도 핏줄을 돌며
과거형 회한에 대한 위문공연 중이다

호미 놓은 지문 닳은 손에
리모컨이 들려있다.

# 허물

초등학교 5학년 겨울방학 때 동네친구 여덟 명이 골방에 모여 새마을상회 호떡재료를 털기로 작당했다. 달빛이 범바구산 뒤로 몸을 낮춘 어두운 밤, 몸 가벼운 친구가 내 등을 밟고 창문 넘어 들어가 들키지 않고 재료를 가져나왔지만 조달한 석유곤로가 열 대신 까만 그을음만 내뿜어 끝내 호떡은 입에 넣지 못했다

자신감이 붙은 우리는 다음 날 창문으로 넘어 들어가 과자 털고 그 다음날은 학용품 털고 사흘 연달아 새마을상회를 훔쳤다

나흘째 되던 밤, 다시 창문을 넘다 잡힌 친구가 공범 이름을 조목조목 다 불어 주인아저씨께 불려간 날, 여덟 명 모두 좁은 과자 판매대 앞에 누가 시킨 것도 아닌데 무릎 꿇고 고개를 숙였다

훔친 것 배상하라는 말 대신 "다음부터는 그러지 마라"는 그 한마디로 등까지 토닥이며 돌려보내준 고마운 마음, 그날 이후 눈물어린 환한 느낌표로 남아 나를 바로 세운다.

# 희섭이 뺨 세 대 맞은 이유

중학교 3학년 조회시간에
가정조사 하던 담임선생님이
부모님 돌아가신 학생을 파악했다
몇 명의 친구가 손을 들었고
친어머니가 아닌 사람 손들어 보라고 하자
손을 든 학생은 없었다
그때 장난기 많던 희섭이가 선생님께 물었다
친아부지가 아닌 사람은요?
다른 학생들이 키득키득 웃어대자
장난이라고 생각한 선생님은
희섭이를 교탁 앞으로 불러내
까불지 좀 마라며 뺨 세 대를 때렸다
맞고 제자리로 돌아가던 중
억울함에 혼잣말로 중얼거렸는데
아부지 한 분에 한 대씩이네
같은 마을에 살던 점근이가 망설이다
희섭이 지금 아부지가 세 번째 아부진디요

선생님 얼굴빛이

빰 때린 손바닥보다 더 붉어지는 게 보였다.

# 꽃이슬 찐빵집

퇴근해 집으로 가는 길
사거리에서 신호 받고 대기 중일 때
시선이 자꾸 왼편으로 간다
겨울에만 눈에 들어오는 가게
보고만 있어도 따뜻해진다
찐빵이 익으며 뿜는 수증기로
풍향과 세기를 가늠하지만
바람 잦아든 날에는
흔들림 없이 어둠 위로 올라
간판에 꽃이슬이 맺힌다
가게 앞을 서성이던 겨울까지
찜솥에 들어앉아
소곤소곤 얘기로 익어가는 중이다.

# 참새 뷔페

대게가 스팀기에서 먹음직스럽게 익어가고 요리사가 직접 철판에 구워주던 스테이크도 육즙이 풍부해 부드러웠던 고급진 그 뷔페는 결혼식 피로연장으로 이용되는 주말 낮엔 대게도 스테이크도 빠져 허전함을 안겨주었지만 가격은 평소보다 비싸다고 혼주가 알려주더군요

코스모스 축제장에 가을꽃단지를 조성하고 풍성한 수확의 계절이라 표현하려 했던지 가장자리에 서숙이며 수수 따위를 심어 놓고 혹시라도 참새가 그냥 지나칠까 봐 '참새 뷔페'라고 친절하게 안내판까지 내걸었지만 막상 수수 모가지까지 촘촘한 망을 씌우고 새들의 입질을 원천봉쇄 했더군요

뷔페라고 적어놓지나 말든가 참새도 나만큼 억울하겠다는 생각이 듭니다.

# 보리피리 · 1

중학생 시절이었다
조회시간에 호명되어
부모님께 공납금 받아오라고
교실에서 쫓겨난 적이 있었다

집에 가 봐야 뾰족한 방법도 없어
뒷길 보리밭에 등 깔고 누워
보리피리를 불었다

단지 부모님의 가난일 뿐이라고
부끄러워는 말자며
이로 보릿대를 눌러
볼이 터지게 보리피리를 불었다

한참동안 보리밭을 뒹굴다
첫 교시가 끝날 때쯤 돌아가
어머니가 내일 꼭 주시겠다고 약속하셨다며

천연덕스럽게 거짓말을 했다

내가 오늘을 사는 지금도
보리밭을 지날 때면
아련한 그 시절 생각에
보릿대 하나 뽑아 피리를 분다

보리피리 파동을 따라
파릇한 추억들이
보리밭 물결 사이를 뛰어다녔다.

# 꽃들의 다툼

햇살이 좋은 어느 날
두 며느리가 목련과 매화 중
어느 꽃이 먼저 피는지를 두고
의견이 분분했습니다

가곡 목련화에서
봄의 전령으로 표현하고 있으니
분명 목련이 먼저 개화한다고 말하자
설중매화雪中梅花라고
눈 속에서 피는 꽃인데
봄의 시작은 매화부터라고 우겼습니다

결론이 나질 않자
그럼 시어머니께 물어 보기로 했는데요
어머님, 목련이 먼저 피지요?
어머니, 매화가 먼저 피잖아요? 그렇죠?

〉

잠시 고민을 하시더니
내 얼굴 저승꽃은 겨울부터 피어 있었니라

세 여자가 서로를 보고 깔깔대며 웃는 사이
봄은 사립문 앞에서 아른거렸습니다.

# 물미기탕

줄 것이 마땅찮다며
보돌바다서 통발에 걸려든
살이 튼실한 물미기 몇 마리를
중학교 동창이 고향집 우물가에 놓고 갔다

퍼덕이는 놈의 배를 따서 옥상 빨랫줄에 널자
한파에도 끈질긴 생명을 이어가던
동네 쉬파리란 쉬파리는 모두 몰려들어
나는 파리채를 들고 오후 내내 보초를 섰다

흐물흐물한 살의 물기가 빠지며
꼬득꼬득 마르는 것을 보자
울 엄니 표정이 밝으시다

며칠 후면 동네 엄니들 모두 불러
조선된장을 푼 뜨물에 삐져 썬 무 넣고
물미기탕 끓여 늙어서 추운 계절
뜨끈한 속풀이를 할 것이다.

| 제4부 |

# 지게질

짐 무게를 양 어깨에 나누고
온전히 몸으로 버티며 걸어야 하는 고행

독국 까끔을 빈 지게로 오르면
턱밑까지 숨이 차올랐다

통나무 몇 개 짊어지고
비탈길의 내 그림자 꾹꾹 눌러 밟으며
집에 돌아오면 한나절이 갔다

윗마을 해덕이 아저씨가
연탄가스 중독으로
동치미 국물도 못 넘긴 채 돌아가시고
집 앞에서 노제 지낼 때도
나는 지게 지고 나무 하러 산에 갔다

그 후로는
연탄 때는 부잣집이 부럽지 않았다.

## 똥꽃

도로변 노랑이 화사하다
여름코스모스라고도 불리는 금계국을
이름을 알기 전에는 그냥 똥꽃이라 불렀다

옆집 정훈이 아빠가 현장근무 중
노란 꽃무리에 숨어 급히 똥을 누었고
그냥 나오기도 머쓱했던지 금계국 한 다발을 꺾어와
정훈이 엄마에게 한 쪽 무릎을 꿇고 내밀었다

남편에게 받은 첫 꽃선물이라며 활짝 웃으며
그 중 몇 송이를 내 아내에게 건네주었다
노란 꽃 사이에서 엉덩이를 까고
아랫배에 힘을 주며 꽃을 꺾는 모습을 연상하며
우리 부부는 한참이나 깔깔거렸다

해마다 군락을 넓혀가는 금계국 꽃무리를 보면
가부장적 근엄한 모습에 기골이 장대한

정훈이 아빠 똥거름 효과가 아닐까 싶어
도로변 샛노란 금계국 모습에 취하다가도
코를 갖다 대는 것이 망설여지는 것도
다 그 때문이다.

# 민어 복달임 하던 날

건장한 남정네 넓적다리 정도는 되야써
그랑께 일단은 굵어야 쓴다 이 말이제
잔 놈은 맛도 덜하고 하찮응께

잡아서 파닥일 때 피는 다 뽑아야 써
그래야 뼈 사이 피가 안 뭉쳐
맛이 더 담백해지는 거여
피를 뽑은 놈인지 물어보고 민어를 사야 혀

일단 비늘부터 치고 씻어 살을 발라가꼬
살타구는 비닐에 싸서 냉장고에서 익혀야제
뼈와 대가리는 큰 솥에 하루 정도 약한 불에 과면
고기 지름이 솔솔 뜨고
뽀얀 국물이 곰국처럼 인나야 지대로 된 탕이 되는 거여

이제 냉장고에 둔 살타구를 국물에 넣어야 쓴디
너무 많이 과면 살이 벌어지고 퍽퍽해진께

한 십여 분 센 불에 푹 끓이다
다진 마늘이랑 대파를 썰어 넣고 불을 꺼야 한디
그래야 살이 포슬포슬해진단 말이제

남정네들은 말복 더위 보신으로
땀을 흘리며 민어탕 그릇을 비워내는데
며느리 넷을 앞에 앉힌 노모는
자신이 없는 여름날을 전수 중이시다.

# 쪼시개

발채를 단 지게 지고
거북 목 닮은
잘록한 몬당 넘어서면
너른 굴밭 목너메가 나온다

갯돌로 구획한 개흙 위에
각자의 자리를 정하고
소나무 윗가지 꼽아 세우면
봄 여름으로 포자가 붙어
겨울이면 굴이 열렸다

유난히 추웠던 그해 겨울,
쪼시개 날카로운 부리가
바다를 쪼아대던 소리가 끊이질 않았고
해가 져 어둠이 내리고서야
어머니는 뻘배를 밀며 갯가로 나오셨다
〉

굴 덩이 받아 지고
거북목을 밟고 돌아와
집 마당에 지게 채 부리면
젖은 옷 갈아입을 새 없이
쪼시개 부리던 손놀림은
오일장 서는 전날 밤에는 더 부산했다

귀신새 휘파람 불어대던 새벽까지
굴까는 소리가 이어지더니
이듬해 봄,
쪼시개처럼 입이 야무졌던 누님은
광주 여고에 입학을 하셨다.

# 양몰이 개 보더 콜리

주차장 뒤편 마을에는 집집마다 개를 키운다

진돗개가 가장 많고
자식들이 맡겨 둔 외래종도 종종 보인다

지능이 높다는 보더 콜리종도 한 놈 있는데
족보 있는 개다 보니 잡종들과 어울리지 않고
늘 혼자 다니는 개 도도하다

지도 개인데 별 거 있겠냐고
햄을 던져 유혹을 해 봤지만
다가오지도 먹지도 않는 양몰이 개 보더 콜리

혹시나 하는 마음에 발음을 굴려가며
헤이, 컴 온 베이비
영어로도 불러보았으나 허사였다

그때, 할머니가 개밥통의 사료를 흔들며
삼순아 밥 먹자, 라는 말이 끝나기도 전에
양을 쫓듯 개 달리는 보더 콜리 삼순이

개는 개다.

# 빈모 유감

오늘 심부름으로 아들이 회사에 왔고 마침 결재하다 김 과장에게 지시를 하고 있었다. 퇴근한 저녁에 아들은 얼굴이 벌겋게 상기된 채 나이 많은 직원에게 반말하는 것이 아빠 인격이냐고 따졌다

몇 달 전, 고위직 공무원이 내방했을 때도 인사드리는 나는 쳐다보지도 않고 옆에 있던 김 과장 손을 꼭 잡은 채 치사를 하는 바람에 나는 그야말로 뻘쭘하게 서 있어야만 했다 예전부터 서로 잘 아는 사이려니 했는데 알고 보니 김 과장이 책임자인 줄 알았단다

몇 년 전, 송신소 건설현장에 민원이 발생해 김 과장과 함께 그곳에 상주했었다 인근 마을 할머니들이 공사 진행을 막겠다고 몰려와 김 과장! 절대 밀리면 안 돼, 라고 말했다가 싸가지 없는 놈, 형뻘 되는 사람한테 반말질이여, 하시며 한 할머니가 지팡이로 내 머릴 내리치셨다

〉

그때마다 억울했지만 참을 수 있었던 것은 김 과장은 입사 동기고 나보다 나이도 세 살이 적었기에 순전히 어려보이는 내 외모 때문이라고 웃고 넘겼는데 얼마 전 심는 가발을 쓰고 나타나는 바람에 빈모인 내 머리카락이 초라해지기 시작하더니 급기야 호프집 사장님은 김 과장의 삼촌 되시냐고 묻는 것이다

그날 이후 호프집은 물론 술도 딱 끊었다.

## 쑥부쟁이꽃

던비구산 아래 경사지 밭은
울 할매 지심 매시느라
허리 한 번 못 펴신 곳,
흙 묻은 몸빼 바지를 털며
어둠을 머리 가득 이고 돌아와
조리로 일어낸 쌀을
가마솥에 안치시던 고단한 하루

이제는 하늘의 꽃이 되신 울 할매

묵정밭에 지천인 쑥부쟁이를 보며
허리가 꼬부라지신 것이
네 탓이라고 원망을 하다가도
막내손자 바라보시던
이 없던 볼에 피던 옴팍한 미소가
보랏빛 꽃잎에 겹치는 것은
풀들을 흔들며 늦은 바람이
울 할매 향기로 그득했기 때문이었다.

# 불꽃축제

여수 밤바다 불꽃축제를 하는 날
부산에 사는 친구에게 전화를 했다

화려한 불꽃축제 구경하러 와라
내 삶이 더 불꽃 같은데 무슨 불꽃,

장군도 하늘에서
불꽃 터져 꽃비로 내리던 날
녀석의 그 말이 폭죽이 되어 터졌다.

# 덕열네 어메 시집살이

남편이 탄 배가 침몰하여
서른 즈음에 청상이 된 덕열네 어메는
중선배 고기를 받아 행상을 하며 어린 남매를 키웠다

이제는 대학생이 된 손녀딸이
초등학교 다닐 때 눈을 치켜뜨고 따졌단다
할머니, 왜 아빠 고등학교 안 보내줬어?
돈이 없응께 못 보냈니라
은행에서 빌려서 보내주지 그랬어?
돈도 재산이 있어야 빌려주제
할머니는 아빠 고생하는 것 보면 맘 아프지 않아?
……

갈치며 서대를 광주리 가득 이고
고무신이 닳도록 걸었던 원머리 신작로가
4차선 아스팔트로 깔끔하게 포장되어
지난 일을 증명할 수 없다는 것에

답답한 가슴을 치며
말이 야무진 손녀딸한테 시집살이를 했다

그래도 검버섯 핀 얼굴로 환하게 웃으시며
허리 굽은 지금이 호시절이라 노래를 부르는 건
아들이 굶지 않고 흰 쌀밥을 먹는다는 사실 때문인데

훗날 손녀딸이 엄마가 되면
다 내 주고도 더 줄 수 없었던 애틋함이
할머니의 평생의 한이었다는 것을
내리사랑을 통해 알게 될 것이다.

# 체면

타지에서 친구들이 올 때마다 하던 부부싸움이
올봄에는 더 잦았다
해상케이블카가 생기고부터
얼굴 한 번 보자는 친구 전화가 늘었고
외면하기도 쉽지 않았다
여자 동창들이 금오도 비렁길 관광 왔다가
비 때문에 그만 여수에 눌러 앉았고
나는 일요일 내내 여수 명소를 누볐다
아내가 눈치를 주는데도
나가지 않을 수 없었던 이유는
초등학교 때 가장 나중까지 검정고무신 신고
책보를 둘러매고 다니던
예전 내가 아님을 보여주는 것이
체면 세우는 일이라고 믿었기 때문이었다
점심식사 하고 적잖은 금액을 카드로 긁고 온 저녁
돌아누운 아내에게
앞으로 친구 보기를 돌 같이 하겠노라고 다짐했지만

얼마 전 아르헨티나에서 귀국한 친구가
향일암 가보고 싶다는 전화 한 통에
다음 주말에 다녀가라고 말하고 말았다.

## 걸레를 추억하다

원래 이름은 손수근이었지만
소리 나는 대로 손수건이라 불렀다
그러나 얼마 되지 않아
정체가 탄로 나고 말았는데
고등학생 주제에 술고래에다
시비 거는 주사가 가관이었다
싸움을 말리던 친구들이
하나둘 걸레라 부르기 시작하더니
끝내 손수건에서 강등되고 말았는데
결혼을 하자 고향 거제도로 내려가
문어 잡는 작은 어선을 타며
성실한 가장으로 산다
정 많은 녀석이 좋아하던 술까지 끊고
무균질의 깨끗한 행주처럼 살지만
여전이 친구들은 걸레라고 부른다
지나버린 학창시절을 추억하기 위해서도
걸레는 절대 손수건이 될 수 없는 건가 보다.

# 갈증

보고픔에
그리움에
목마르다는 노모 말에
생수 한 박스를
택배로 보내온 막내아들

너도 한 번 늙어봐라

생수를 병째로 벌컥거리면서도
노모는 갈증이 났다.

## 사망부시思亡父詩

삶의 중심에 늘 아버지가 계시다는 친구 말에
나는 그저 먼 산만 바라보았다

중학교 나왔으면 되었다. 근해어선 선원이나 하거라
열다섯 살 아들은 아무 말도 않고 울었다
그때 아버지 어투와 표정을 잊지 못한 아이는
아직 그 자리에 서 있다
배 다른 동생은 호사롭게 키워
훗날 대학까지 뒷바라지 했다는 사실이
쉽게 미움을 거둘 수 없는 이유이기도 했다

어른이 되면 한 번 봅시다
그 말은 늘 삶의 동력이 되었고
나이 드신 아버지 앞에서
비루한 지난 시간을 풀어 헤치자
돌아앉은 눈가가 젖어 있었다

〉

원망은 아버지 무덤까지 나를 따라오지만
올린 제주祭酒를 묘 주위에 붓고 나면
봄비처럼 흙 속으로 스며들 것이다

울 아버지 평생 가시고기처럼 사셨다는
친구 놈 혀 꼬부라진 주정에
나는 별 없는 빈 밤하늘만 올려다보았다.

# 세월

서는 것도
앉는 것도
걷는 것도
모두 속도가 줄어
느림보가 되었네

한때
나락을 머리에 이고
천수답을 오갈 적에
축지법도 썼다지만
세월에 장사 없다고
지금은 늙어
앉아 추억을 되새기며
서서 세월만 탓하네.

## 야행성

고양이 우주를
밖에서 적응시킨다고 목줄을 건다
나가면 부들부들 떨고
배 부위를 바닥에 대고
제대로 서있지도 못하는데
끝까지 밖으로 나가야 한단다
이유를 물었더니
야행성을 키워주기 위해서란다

어라! 지금은 낮인데
혹시 야생성?
맞아! 야행성 아니고 그 야생성

버티는 우주를 끌고
현관문을 나서는데
한 아름의 햇살이 훅 안겨왔다.

# 삼천포 자연산 횟집

자연산 생선만을 취급하는지는
알지 못합니다 확실한 건
상호는 '자연산 횟집'이라는 사실입니다

가장 즐겨 먹는 것은 쥐치회에 지리탕인데
양식되지 않는 어종이라
자연산 횟집에 어울리는 메뉴이기는 합니다

식기며 컵들을 열소독을 해
위생적으로 믿음이 가 애용한다고 말했지만
사실은 다른 이유가 있답니다

어시장 사람을 상대하는 곳으로
새벽부터 문을 여는데
출근하다가 보면
그 가게 앞 노상에서 할머니가
푸성귀를 팔고 계십니다

〉

손님이 출입하려면 거치적거려
충분한 거절의 이유가 되는데도
가게 앞을 내어준
젊은 사장님 내외분의 넉넉한 마음이
바다 같다고 느껴졌답니다

이 집은 참 위생적이야, 하며 들어서면서도
마음부터 배부른 이유랍니다.

# 봄비

겨우내 푸르렀던
소나무 숲을 흔들며
비가 강풍 결을 따라
수평으로 내렸다

그저 오는 계절 없다고
볕으로만 봄이 오지 않는다며
가벼운 가지 엉덩이를 토닥이며
끊임없는 독려가 진행 중이다

뿌리부터 흠뻑 적시고
줄기를 흔들어 깨우면
햇살 퍼지듯 봄나물 새순 같은
연록이 번질 것이다

봄은
예년에도 볕으로만 오지 않았다.

|해설|

# 신명과 환대로 출렁이는 금빛 비늘의 축제

## —명호경 시세계

한용국 | 시인

바슐라르의 상상력 이론을 원용해서 말하자면 시의 공간은 언어를 개방하고 존재를 참여시키는 공간이라고 할 수 있을 것이다. 한 편의 시 속에서 언어는 무한히 열리고, 존재는 그 열림 속에서 무한히 갱신된다. 이것을 열림과 들림이라고 말하자. 시인은 그러므로 각각의 시편들 속에서 매번 죽음과 탄생을 동시에 경험한다. 시인이 시를 통해 자신을 여는 것은 일종의 자기동일성의 죽음을 만나는 것이다. 그 열린 자리가 텅 빈 채로 남겨질 때, 시는 언어의 축제가 된다. 그 자리에 타자를 들일 때, 시는 타자에게로 스며드는 들림의 축제가 된다. 명호경 시인의 시집 「어머니의 난중일기」에서 우리는 열림과 들림에서 신명이 피어오르는 축제의 공간을 만난다. 각각의 시편들은 바다와 삶을 향해 무한히 열리고, 시인은 그 자리에 바다를 터전으로 살아가는 이들을 한 사람 한 사람 들어앉히며 시나브로 그들과 한 몸을 이룬다.

바다를 배경으로 거느린 삶, 그뿐만 아니라 바다를 일구며 살아가는 삶은 신산스럽다. 흔히 삶의 보조관념으로 등장하는 풍파가 그대로 육체가 되는 삶이다. 시인은 그 풍파와 신산을 시에 불러들여 각각의 사연을 보고 듣고 느낀 대로 옮겨 적는다. 하지만 단순한 옮김이 아니라, 새로운 살림으로서의 옮김이다. 시인의 시 속으로 들어간 사람들의 신산스런 삶은 모르는 사이에 넉넉하고 여유로운 삶으로 변모하는 모습을 보여준다. 그래서일까. 명호경 시인의 시들은 조선시대의 풍속화나 민화를 떠오르게 한다. 웃고 울고 부대끼며 살아가는 사람들이 시집 속에서 생생하게 살아 움직이는 것이다. 페이지를 넘길수록 한 편 한 편의 시들이 한 폭의 그림으로 양각되어 일어서면서 접혀있던 거대한 민화첩이나 풍속화첩이 한 폭씩 펼쳐지는 느낌을 준다. 이것이 가능한 이유는 시인 또한 그 속에서 이웃들과 함께 풍파와 신산을 겪으며 자랐기 때문일 것이다. 명호경 시인의 시집에 나타나는 언어의 열림은 함께 겪음으로 나아가면서 들림의 자리로 건너가는 밑자리로 번져간다. 그것은 비유적으로 말하면 삭힘이라고 부를 만한 것이다.

해 누운 칠산바다 너른 어장에서
한사리 조류 따라 흐르던 금빛 비늘이
안강망어선 자루그물에 갇혀 파닥였다
어항단지에 누런 배 드러내고
나무상자 째 부려지던 날
운명은 미리 정해져 있었듯
천일염에 치대 항아리를 채웠다
뚜껑으로 덮인 아득한 어둠이
서해 갯골 체향처럼 깊어지던 날
녹두밭 지심 매고
반상도 없이 부뚜막에 걸터앉아
점심 먹는 촌부村婦의 식은 보리밥에 얹혔다
어찌 이리 짬시롱도 구수할끄나
땡볕에 붉게 익은 얼굴에
아주 잠깐
바다만한 미소가 금빛비늘로 번졌다.

—「황석어젓」 전문

인용한 시는 황석어가 젓갈로 변해가는 과정을 보여준다. 황석어는 칠산바다 어장에서 인강망어선의 그물에 잡혔다.

그리고 어항단지에 나무상자째 부려진다. 다른 물고기와는 달리 황석어는 자신만의 운명이 있다. 천일염에 치대어져 항아리 속으로 들어가는 것이다. 그런 다음에는 어둠 속에서 정해진 발효의 시간을 보내야만 한다. 아득한 어둠의 시간을 보낸 후에 황석어는 물고기가 아니라 젓으로 다시 태어난다. 그 뒤 김매고 돌아 온 촌부의 점심상 식은 보리밥 위에 얹힌다. 여기까지는 젓 하나가 그저 상에 오르는 과정일 뿐이다. 여기서 시가 그쳤다면 단정한 소품에 지나지 않았을 것이다. 하지만 시는 슬쩍 한 걸음 더 나아가 시에 향토적 서정을 부여하는 동시에, 재생과 순환이라는 생태적 인식을 감각적으로 형상화해낸다. "어쩜 이리 짬시롱도 구수할끄나"에서 독자는 황석어젓이라는 음식의 맛에 은은하게 겹쳐드는 농익은 삶의 결을 느낄 수 있다. "땡볕에 붉게 익은 얼굴에/아주 잠깐/바다만한 미소가 금빛 비늘로 번졌다"는 또 어떤가. 한 사람의 일생과 한 바다의 일생이 금빛 비늘로 떠오르는 장면을 독자는 만날 수 있다. 여기서 "아주 잠깐"에 주목할 필요가 있다. 금빛비늘이 만나는 그 장면의 찰나성을 강조하는 듯하지만, 조금 더 생각해 보면 그 이상의 의미를 캐낼 수 있다. 그 찰나는 재생과 순환의 근거로서의 영원을 품은 찰나인 것이다. "금빛 비늘로 번지는" 순간은 찰나인 동시에

영원인 시간이자 신비의 시간으로 재생된다. 이 시에서 시인은 처음부터 끝까지 관찰자로서 시의 바깥에 있는 듯이 보인다. 하지만 시의 마지막에 와서 시인은 시 속으로 성큼 들어서는 마법을 부리고 있다. 어느 사이 시인은 그 촌부와 한 밥상에 앉아서 그의 얼굴에 비치는 금빛비늘을 바라보고 있다. 아마 촌부도 마찬가지로 시인의 얼굴에 비치는 금빛비늘을 바라보고 있을 것이다. 이렇게 시인은 시 속에 새로운 바깥을 열어젖히고, 시나브로 시 속의 인물과 함께 서고, 어느 사이 시 속의 인물이 되어 버린다. 그 사이에 생략된 것은 바로 열림에서 들림으로 향하는 길에 함께 겪은 눈물겨움일 것이다.

> 코가 촘촘한 유자망 그물에 대가리가 박힌 그만그만한 크기의 멸치가 국동항 앞 해상 바지선에 그물채 부려지면 늙은 어부들은 뜨거운 햇살 속에서도 레인코트를 입고 오후 내내 멸치털이를 한다 사후강직이 끝난 후 이미 비린내가 발효되는 가운데 갑판장이 선창하는 노동요 리듬을 따라 일사분란하게 선원들이 어망을 채면 통통하게 살이 오른 몸체만 남아 노란 플라스틱 상자에 제 무게로 담긴다
>
> 위판이 끝나면 일부는 고소한 맛이 일품인 젓갈이 되고 또 일부는 시장과 식당으로 팔려 계절음식 정어리 쌈밥이 되는데 사실 정확한 학명은 멸치란 걸 뻔히 알면서도 한때 징하게

많이 잡혔던 생선이라 징어리라 불렀다며 우기면서도 글로 쓸 때는 생김새가 비슷한 청어과의 정어리라고 쓴다 남해군의 멸치와 차별화하고 이곳만의 자존심을 지키는 거라고 믿는 일종의 오기인 셈인데 냄비 바닥에 고사리를 깔고 손질한 정어리를 올린 다음 채소와 갖은 양념을 넣고 자글자글 끓여 짭조름한 것이 진짜 남도의 맛이다

어둑발이 내리는 해양수산청 부근 쌈밥집 골목에는 이맘때쯤이면 싱싱한 정어리 맛을 기억하는 여수사람들이 서로의 어깨에 팔을 걸고 나타나 정어리 조림으로 소주잔을 기우리며 정어리를 통째로 상추에 싸서 서로의 입에다 들이민다 등이 푸른 바다가 입안으로 들어왔다며 맛난 것은 좋은 사람과 나누는 거라는 사람들, 마음이 등 푸른 바다를 닮아가는 밤이다

—「정어리 쌈밥」 전문

시 「정어리 쌈밥」 또한 마찬가지다. 「황석어젓」이 시적 농밀함을 통해 젓이 만들어지는 과정을 보여주었다면, 「정어리 쌈밥」은 그 과정에 산문적 리듬을 얹으면서 현장감과 생생함을 감각적으로 드러내고 있다. "늙은 어부들은 뜨거운 햇살 속에서도 레인코트를 입고 오후 내내 멸치털이를 한다", "갑판장이 선창하는 노동요 리듬을 따라"에서 멸치털이라는 노동에 신명을 부여하고, "시장과 식당으로 팔려"

유통되면서 "정어리"라는 이름이 붙게 된 계기와, "채소와 갖은 양념을 넣고 자글자글 끓"이는 모습에서는 신명에 곁들여지는 삶의 짠내를 담아낸다. 이 "진짜 남도의 맛"은 "풍파"를 신산으로만 여기지 않고 그 속에서 "신명과 짠내"를 느끼는 사람들만 느낄 수 있는 "맛"이라고 할 수 있을 것이다. 이 시에서도 마찬가지로 「황석어젓」에서 볼 수 있는 "겪음"의 미학이라고 할 만한 것이 마지막 연에서 드러나고 있다. 시 속에 등장하는 사람들은 "이맘때면", "서로 어깨에 팔을 걸고 나타나 정어리 조림으로 소주잔을 기울이며 정어리를 통째로 싸서 서로의 입에다 들이민다". 중요한 것은 자신의 입에 통째로 우겨넣는 것이 아니라 "서로의 입에다 들이미"는 것이다. "진짜 남도의 맛"을 아는 사람들끼리는 "나와 너"의 구별이 없다. "서로", "좋은 사람"들이다. 즉 "나인 동시에 너"인 사람들이다. 그런 사람들만 "진짜 남도의 맛"인 "푸른 바다"의 맛을 느낄 수 있으며, 모두 한 가지 마음 "등 푸른 바다"의 마음이 된다. "정어리 쌈밥"이 놓인 밥상은 그래서 '차별 없는 세상'인 '유토피아'로 변한다. 그 밥상 앞에서 시인도 그 사람들에게 쌈밥을 밀어 넣고, 그들이 밀어 넣는 쌈밥을 우적우적 씹으며 웃고 있다.

시 「황석어젓」과 「정어리 쌈밥」 두 편은 명호경 시의 미학적 근거를 보여주는 시편이라고 할 수 있을 것이다. 세계는 시에 들어오면서 새로운 바깥으로 열리고, 그 열린 자리에서 시인은 자신이 불러들인 사람과 은근슬쩍 한몸이 된다. 이것은 일종의 타자성에로의 들림이라고 할 수 있을 것이다. 여기서 우리는 명호경 시인의 생태적인 인식을 찾아 볼 수 있다. 심층생태학에서는 환경문제에 대한 포괄적이고 종교적이며 철학적인 세계관을 기초로 삼아 인간을 자연이나 그 밖의 무엇으로도 분리시키지 않고 근본적으로 상호 연결되어 있는 연결망으로 본다. 이러한 심층생태론의 핵심사상은 '생명의 평등성'과 '자아실현'으로 축약할 수 있다. 근본적으로 문학 작품 안에서 생태적 인식은 곧 생명의 평등성에 입각한 자아실현의 상태라고 할 때, 심층생태학에 등장하는 '생태적 자아'라는 개념은 명호경 시인의 시세계를 살피는 데 중요한 역할을 할 수 있을 것이다. '생태적 자아'는 A.Ness의 용어로, 근본적으로 혼자 형성될 수 없는 태생적 환경을 가지고 있는 자아다. 그러므로 처음부터 이 세계(자연)을 인식하고 타인을 인식하고, 다른 생물, 사회적, 현실적 상황의 관계망에서 형성된다. 이 개념에서 자아실현은 궁극적으로 대자연과 동일한 존재로 거듭나는 과정이기도 하다. 명호경의 시편들에서 환경이나 생태를 위기의 측면에서 직접적으로 다루고 있지는 않아도, 시집 전체에 드러나는 사람과 환경에 대한 인식은 근본적으로 생태적 맥락 속에 있는 것임을 위의 두 시가 분명하게 보여주고 있는 것이다. 열림에서 겪음 그리고 들림으로 이어지는 명호경 시의 미학은 근본적으로 모든 생명체는 하나라는 인식을 바탕으로 하고 있기 때문이다. 그것이 바로 '들림'의 미학이며, 이는 명호경 시가 '생태적 자아'로 향하는 도정에 놓여있음을 알 수 있게 해 주는 근거이기도 하다.

이러한 '들림'이 가능한 이유는 무엇이었을까. 시인에게 타자의 타자성을 극복하고 '대자연과 동일한 존재'로 '평등하게' 거듭나도록 노력할 수 있게 한 내적 계기는 분명히 존재할 것이다. 하지만 먼저 타자성이 시인에게 적대적으로 드러난 계기를 찾는 것이 우선일 것 같다. 시집의 시편들에 따르면 그것은 시인의 어린 시절 '가난했던 가족사'에서 연유한다. 시인에게는 우선 사람보다 '가난'이 적대적 타자로 얼굴을 들이밀었다. 시인은 어린 시절 생계를 위해 산에서 "통나무를 짊어지고" 내려오는 "고행"(「지게질」)으로 보내야 했다. 그건 어머니도 마찬가지였다. "남의 소유 야산에서/ 땔감나무를 몰래 해 머리에 이고/서둘러 집에 돌아와서 보니/ 고무신이 벗겨져 맨발"(「손편지」)인 삶을 살아야만 했다. 초등학교 시절에는 "가장 나중까지 검정고무신 신고/책보를

둘러매고 다"(「체면」)녀야 했으며, 중학생이 되어서는 "부모님께 공납금 받아오라고/교실에서 쫓겨"났지만 "집에 가 봐야 뾰족한 방법이 없"(「보리피리·1」)는 가난에 시달려야 했다. 청년기 또한 불우했던 것으로 드러나는데, 그 중심에는 '아버지'가 존재한다. 아버지는 시인에게 가혹했던 것으로 보인다. "중학교 나왔으면 되었다. 근해어선 선원이나 하거라"는 "아버지 어투와 표정"(「사망부시」)은 어른이 되어서까지도 그에게 가혹한 상처로 남았음을 알 수 있다. 결국 그는 "고등학교 졸업 못하고 원양어선을 타"고, "배에서 잠도 못자고 돈 벌었"으며, "아홉시 뉴스도 못보고"(「봉남 고모님」) 청춘을 보내야만 했던 것이다. 한 사람의 성장기에 가난과 부정적 아버지가 동시에 존재한다는 것은 실제로 가혹한 일이다. 그렇다면 폭력적인 맨얼굴이 그대로 드러난 세계를 시인은 과연 어떤 마음으로 지나온 것일까. 거기에는 또 다른 얼굴의 바다가 존재하는 데 이른바 시인의 근원적인 통점이라고 할 수 있다.

하얗게 어두운 곳에서
그만 길을 잃었고
하늘 낮게 내려와
바다와 하나가 되었지

경계 흐릿한 곳에서
갈 곳 잃은 작은 조각배
속도를 줄여 타력으로만 나가며
암초가 없는지도 살펴야 하지

안개에 먹히지 않게
귀를 세우고 소리에 집중할 때다
항로가 또렷해지는 그 때까지
날선 무중신호를 보내며
두 눈 부릅뜨고 사주경계를 해야만 하지

삶도 그렇게
등대불 보이지 않던 칠흑 같은 밤
까마득한 수평선 위에서였다.

—「농무」 전문

시인의 삶은 짙은 안개 깔린 바다 위, "경계 흐릿한 곳에서/갈 곳 잃은 작은 조각배"와 같은 것이었다. 가난은 삶에 계획이나 의지를 허락하지 않는다. 오로지 "속도를 줄여 타력으로만 나가"야 하며, "암초가 없는지를 살펴야"하는 삶을 살 수밖에 없다. 그것만으로도 힘겨운 삶이지만, 시인은 끝내 포기하지 않는다. 그렇게 "칠흑같은 밤 까마득한 수평선 위"와 같은 삶을"안개에 먹히지 않게/귀를 세우고 소리에 집중"하고, "항로가 또렷"해지기를 기다리며, "두 눈 부릅뜨고 사주경계를 해야만"하는 삶이란 얼마나 가혹한 것일까. 이렇듯 시인에게 바다는 근본적으로 공포와 긴장의 공간이었던 동시에,

> 쪽잠으로 나던 긴 하루
> 손톱 밑 새살이 자라
> 밖에서부터 안으로
> 회색 선들이 영역을 넓혀가던 고통
>
> 손마디 사이 굳은살이 갈라져
> 선혈이 뚝뚝 떨어지는데
> 낚시 줄 당기는 것을 멈출 수 없었던
>
> —「바다에서」 부분

원양어선에서 쪽잠을 자며, 손톱 밑 살들이 다 패어, 새살이 자라는 고통을 겪어야 했고, 손마디 사이 굳은살이 갈라져 피가 흘러도 낚시 줄을 당겨야만 했던 처절한 공간이었다. 그렇게 고통의 바다, 고통스러운 청춘을 겪으면서 시인은 세계에 대해 강한 적대감을 가졌던 것 같다. "사시사철 차디찬 바람만 불던/서러운 계절"(「손편지」) 속에서 시인이 키운 것은 "지긋지긋한 가난이 끝나면/미워하지 않고 살겠

다고"(「손편지」)에서 드러나는 것처럼 "미움"이었다. 그 "미움"은 시 "니기 아부지 미워하지 말고 살아라", "낳았다고 다 아부지는 아니재라"(「봉남 고모님」)에서 나타나듯 "아부지"에 대한 미움이며, 가난한 운명과 고통스런 세계에 대한 적대감이었다. 그래서 시인은 "스치기만 해도 상처를 내고 말겠다는/이슬과 바람으로 날을 세운", "거침없는 독기"와 "뿌리마저 흔들린 적 없이/적개심엔 파릇한 빛깔"을 세우고, "흰 머리칼마다 핏빛 석양으로 물들어 가"(「억새」)는 독한 의지로 살아야만 했던 것이다.

극심한 삶의 고통은 사람을 선하게 만들거나 독하게 만들거나 둘 중 하나라고 한다. 독일의 시인 쉼보르스카는 시에서 이렇게 말했다. "바야흐로 신은 인간이 선하면서, 동시에 강인할 수 있다는 것을 수긍할 예정이었다./그러나 선함과 강함은 여전히 공존하지 못한다./선한 인간은 독하지 못하고, 독한 인간은 선하지 않다."(비스바와 쉼보르스카, 「20세기의 마지막 문턱에서」 부분) 지금까지 살펴본 시편들에 드러난 성장사에 따르면, 시인은 가난 속에서 독기를 키우는 삶을 살아왔음을 알 수 있다. 그러므로 시인의 독기는 선함과는 공존할 수 없어야 하며, 앞에서 말한 바 '생태적 자아'의 형성은 불가능한 일이었을 것이다. 하지만 그의 시들은 '생태적 자아'가 형성되는 도정에서 선함과 강함의 공존을 가능하게 만드는 방향으로 나아가고 있음을 보여주고 있다. 그것은 어떻게 가능한 것일까.

마늘쪽 같은 불알을 흔들며
능숙하게 돌담을 타고 넘는 노랑무늬 고양이
앞마당을 마치 제집처럼 어슬렁거리는
보무도 당당하다
대문밖에 있던 놈은 등치가 커지자
우리 집 마당을 허락도 없이
자신의 영역으로 등기하고선
처음엔 나비 밥그릇을 노리더니
보름 전부터는 몸을 탐하기 시작했다
놈을 완강하게 거부하던 나비가
며칠 전 대가리를 바닥에 문대는 틈을 타서
잽싸게 나비목덜미를 물며 덮쳤는데
나비 울음이 처절해 괴기스럽기까지 했다
그날 이후 놈은 앞마당에 상주하며
기둥서방 노릇을 하는 꼴이 볼썽사나워
헛 돌팔매질로 쫓아 보았지만
금세 돌담을 타고 다시 넘어 들어와
나비 밥그릇에 코를 처박는다
그 순간, 나비가 놈의 곁으로 다가가
몸을 부비며 얼굴을 핥아준다
나비는 이제 곧 검정무늬를 지우고

노랑무늬 새끼를 낳을 것이다.

—「나비, 검은 무늬를 지우다」

인용한 시 「나비, 검은 무늬를 지우다」는 독함이 강함과 공존하는 선함으로 변화하게 되는 내적 계기를 잘 보여주고 있는 시다. 시인은 마당에 검은 털을 가진 암컷 고양이 "나비"를 기르고 있다. 그러던 어느 날 노란 털을 가진 수컷 고양이 한 마리가 담을 넘어 출몰하기 시작했다. 수컷 고양이는 처음에 나비 밥그릇을 노리더니, 몸을 탐하기 시작했고, 급기야 나비와 강제적인 교미에 성공한다. 그 이후 수컷 고양이는 나비의 서방행세를 시작한다. 시인은 자신의 고양이 나비가 불쌍하기도 하고, 수컷고양이가 괘씸하기도 해서 헛돌팔매질로 쫓아보기도 하지만, 수컷고양이는 금세 돌담을 넘어와 다시 나비 밥그릇을 탐한다. 이후 시의 행간에 생략된 것은 아마도 다시 검은 털 고양이를 쫓아내려는 시인의 행동이었을 것이다. 그러나 끝내 실행되지 못한다. 왜냐하면 나비가 검은 털 고양이를 자신의 수컷으로 인정하는 반전을 보여주었기 때문이다. "몸을 부비며 얼굴을 핥아준다"와 "나비는 이제 곧 검정무늬를 지우고/노랑무늬 새끼를 낳을 것이다"의 연속되는 두 행 사이의 행간에서는 도대체 어떤 반전이 일어난 것일까.

단순하게 읽으면 길고양이와 집고양이의 교미를 재치있게

그려낸 것으로 보이는 이 시에는 시인의 내적 계기가 드러난다. 그것은 바로 '사랑'이다. 약간의 비약을 허용한다면 그 '사랑'은 '모성'에 기반을 두고 있는 것으로서, '환대'로서의 사랑이다. 세계가 드러내는 폭력적인 얼굴에 대한 무조건적인 '환대'의 표현인 것이다. 레비나스는 '타자성'을 극복하는 것으로서 고통받는 타자에 대한 환대와 배려가 근대 윤리학의 핵심이 되어야 한다고 했다. 그것은 폭력적인 얼굴을 호소하는 얼굴로 바라보는 것이며, 자기 자신에 전념하는 이기적인 삶을 거부하는 것이다. 레비나스는 자기 삶에 대한 집착은 넘어서야 할 대상이며, 타자에 응답하는 책임지는 삶, 자기 것을 내어 타자를 환대하는 삶이야말로 인간의 인간다운 삶이라고 말한다. 그렇기에 타자는 가난한 자, 나그네, 과부와 고아의 얼굴을 하고 있다. 그리고 그 얼굴은 나의 책임과 자유를 향해 열려 있다. 이는 타자를 변화시키는 것이 아니다. 나를 변화시키는 것이다. 타자의 얼굴을 보는 방식을 나의 내면에서 전환시키는 것이다. 바로 그 전환이 길고양이와 '나비' 사이에, 존재의 심층에서 거의 본능적으로 일어난 일이다. 그리고 시인은 바로 그것을 순간적으로 '보았다'. 이는 시의 열림을 넘어서 시인의 열림이라는 하나의 깨달음과도 같은 사태이며, 시인의 내적 변화가 어디에 있었는지를 드러내는 것이기도 하다.

이러한 변화가 가능했던 것은 시편들에 따르면 역시 모성의 힘이었던 것으로 보인다. 시인의 어머니의 삶이 바로 그런 환대와 배려의 삶이었던 것이다. 내력을 구체적으로 알 수는 없지만, 어머니는 자신에게 부딪혀 오는 폭력적인 세계를 모성으로서의 사랑으로 감내하고 헤쳐 나왔음을 알 수 있다. 오남매를 키우며 겨울이면 굴을 캐고(「쪼시개」), 남의 야산에서 몰래 나무를 해다 팔아(「손편지」) 자식들을 길렀으며, 나이가 들어서도, "텃밭에 녹두를 심으시고, 한 홉 한 홉 따모아 녹두 석 되를 수확하"(「녹두 석 되」)시고, 화단에 "앵두꽃"(「앵두꽃」)을 키우는 삶을 산다. 하지만 시인의 어머니는 원망이나 한이 아니라 넉넉하고 여유로운 품을 자식들에게 내보였던 것 같다. 예를 들면, 「손편지」 같은 시가 그렇다. 가난과 설움에 울음을 풀어 보내 온 아들의 편지에 노모의 답장은 서러우면서도 해학적이다. 보통 아들의 그런 편지에는 말문이 막혀 아예 답장을 못하거나, 보낸다 하더라도 미안하다는 말이나, 위로의 말을 적어 넣었을 텐데, "고무신이 벗겨져 맨발이더라고/이렇게 하지 않으면 살 수 없는 걸까"라고 보낸 답장에 가슴 아픈 사연임에도 불구하고 독자로서 이상하게 웃음이 났다. 아마 시인도 잠시 웃으며 위로받지 않았을까 생각하는 것은 억측일까. 어머니의 유머러스함은 시 「꽃들의 다툼」에서도 드러난다. 햇살 좋은 어느 날 두 며느리가 목련과 매화를 두고 논쟁이 붙었다. 봄의 전령이니 목련이 먼저 핀다는 며느리와 눈 속에서 피니 매화가 먼저 핀다는 며느리의 논쟁은 결국 어머님께 판가름을 부탁하게 된다. 그때 어머니의 대답은 "내 얼굴 저승꽃은 겨울부터 피어있었"다는 것이다. 얼마나 재치있으면서도 넉넉한 대답인가. 이런 어머니의 유머와 여유가 시인이 끝내 독기로 자신을 무너뜨리지 않을 수 있게 한 힘이었으며, 폭력적인 세계를 호소하는 얼굴로 받아들이게 하는 내장된 계기였을 것이다. 그래서일까. 시인이 어머니를 바라보는 시선 또한 유머러스한 넉넉함을 품고 있다.

산에서부터 소나무가 쳐내려오고
마을 쪽에서부터 대나무 밀고 올라오고
유자밭이 진퇴양난이다
성근 두충나무 방호벽을 뚫고
가장자리는 대나무 첨병들이 점령하자
유자밭을 지켜내겠다는 일념으로
노모는 낫을 들고 올라갔으나
웃자란 잡초들의 저항에
낫질할 엄두조차 내질 못하고 내려오고 말았다
놉을 사려 해도
젊은 사람이 마을에 없다는 사실에 시름하다
봉화를 대신한 휴대폰을 들고

만만한 막내아들에게 지원요청을 한 후
주말에 내려가 풀을 베겠다는 약속을 받아내신다
토요일 내내 예초기 굉음이 유자밭을 지배하고
대나무와 어린 소나무 밑둥이 잘리며 내는
단말마의 비명이 끊이질 않았다
포연탄우砲煙彈雨 시간이 지나고
유자밭이 본래의 모습을 되찾자
이내 입가에 흐뭇한 미소를 지으시며
고생했다는 말과 함께 아들에게 수건을 건네시는데
노모는 내년 봄까지는 휴전을 이어갈 것이다
잡초들이 차지했던 자리마다 푸른 햇살을 받으며
유자나무는 노란 꿈을 키우다
은은한 향을 바람결에 풀어놓을 것이다.

—「어머니의 난중일기」

유자밭을 지키려는 어머니의 노력을 시는 재미있게 풀어 놓고 있다. 어머니의 유자밭은 소나무와 대나무 그리고 대나무에 둘러싸여 버렸다. 게다가 웃자란 잡초들로 진퇴양난인 상황이다. 인부를 쓰려해도 젊은 사람들이 없어서 고심 끝에 어머니는 아들들에게 지원을 요청한다. 아들들은 주말에 내려와, 웃자란 잡초들이며 소나무 대나무들을 예초기로 잘라냈고, 그때서야 어머니는 흐뭇한 미소를 지었다. 시의 내용을 이렇게 정리하며 읽다보면 철저하게 어머니를 바라보는 시인의 시선에서 서술되고 있는 것으로 보인다. 하지만 되풀이 읽어 보면 그 속에 배경으로 깔려있는 어머니의 유머를 읽을 수 있다. 「난중」이라는 표현은 시인의 표현이 아니라, 어머니의 표현이 아니었을까. 혹시 어머니가 아들들에게 지원을 요청하면서 유자밭에 대해서 하는 말들을 시인은 그대로 받아쓴 것은 아니었을까 하는 의심이 드는 것이다. 어쩌면 시인이 들린 가장 첫 번째 존재는 어머니였을지도 모른다. 시인이 들린 게 아니라 어머니가 시인에게 들렸다고 해야 할까. 어머니의 유머와 여유가 시인에게 그대로 전이되었고, 시인은 그것을 통해 독함을 이기고 세계를 선한 의지로 바라볼 수 있었던 것이다. 어머니의 모성적 사랑이 부성적 독기를 씻어내는 힘이 되었고, 그 힘으로 시인은 자신의 "검은 무늬"를 지울 수 있었다. 시인이 시 속에서 새로운 바깥을 열어젖히고, 그 속에 이웃들을 불러와 함께 들림을 경험할 수 있었던 근본적인 동력은 바로 여기에 있다.

그래서일까 시인이 사람과 세계를 바라보는 시선에서도 여유로움과 함께 여성성을 품고 있음을 발견할 수 있다. 시인은 어머니를 포함해 주로 여성들에게 더 많은 위로와 공감의 시선을 보내고 있는데, "봉남 고모님"(「봉남고모님」)에 대한 마음이 그렇고, 개도 미역길의 섬 여인들(「개도미역길」)이 그렇다. 「노을지다」의 현기 엄니, 「창우와 어머니 이야기」의 창우어머니에 대한 마음 또한 마찬가지다. 이 마음은 삶의 동반자인 아내에게도 이어진다. 시집 속에는 아내가 주인공이거나 조연으로 출연하는 시가 서너 편 실려있다. 시 속의 시인은 아내에게 가부장적 권위를 행사하지 않는다. 그저 사랑과 배려로 가득 차 있다. 「벚꽃지다」에서 보이듯 아내와 여행을 다니고, 시 「다림질」에서는 주말여행 약속을 어긴 탓에 "뿔이 천정까지 자란 아내 눈치를 살피"다가 "아내 무릎을 베고 눕"는 애교까지 부린다. 시 「가을여자」에는 오십 줄 나이에도 불구하고 아직 아내에게 설레는 모습까지 드러난다. 그렇게 집안 서열 1위(「서열」)인 아내 또한 어머니와 같은 지혜를 가진 여자는 아니었을까 다음 시는 짐작하게 한다.

제가 서 있는 오른편에서
가슴 아픈 얘기를 하거나 질문했는데
머리를 위아래로 끄덕이며
씩 웃으며 답하지 않을 때는
알아듣지 못했다는 뜻이랍니다
몇 년 전 어느 날
갑자기 오른쪽 귀 청력을 거의 잃어
지금 잘 듣지 못합니다
슬픈 얘기에도 웃고 있는 저를 보시거든

남의 아픔도 함께 나눌 줄 모르는
배려 없는 놈으로 생각지 말아주십시오
그리고 되도록 욕은 오른쪽에서
칭찬은 왼쪽에서 해 주시면 좋겠습니다
그 방법을 이미 쓰고 있는 아내와는
싸움 한 번 않고 잘 지내고 있으니까요.

—「저는 귀가 어둡습니다」 전문

시인은 알 수 없는 이유로 오른쪽 귀의 청력을 거의 잃어 잘 듣지 못한다. 그래서 자신의 "오른편에서/가슴 아픈 얘기를 하거나 질문했는데" 답하지 않거나, "슬픈 얘기에도 웃고 있는" 자신을 볼 때, "남의 아픔도 함께 나눌 줄 모르는/배려 없는 놈으로 생각지 말아"달라고 호소하고 있다. 이 호소에서 주목할 것은 그가 가진 배려의 마음이다. 시인에게는 늘 타자의 아픔과 슬픔을 듣지 못할까봐 걱정하는 마음이 있는 것이다. 그 배려의 마음의 중심에 실은 아내가 있다. 아내는 시인의 청력상실을 알고 있기에 "욕은 오른쪽에서"하고 "칭찬은 왼쪽에서"하는 방법을 이미 쓰고 있다. 그래서 한 번도 싸우지 않고 잘 지낸다는 이야기에는 숨은 이야기가 있는 듯하다. 아내가 실제로 그렇게 행동할리는 없다. 다만 시인의 살아온 내력을 알고, 살아남기 위한 세월의 힘겨움을 함께 겪으며 시인에게 보여준 아내의 마음과 행동을 유머러스하게 표현하고 있는 것이다. 괴테는 "영원히 여성적인 것이 우리를 구원한다"고 『파우스트』의 마지막에 썼다. "영원히 여성적인 것"의 함의를 여기서 다 설명할 수는 없지만, 적어도 그것은 시인을 어떤 구원으로 이끌었던 것은 분명하다. 그리고 그 여성적인 것에는 "넉넉함과 유머"가 존재하고 있었다. 그래서인지 그의 시들에는 '해학적'이라고까지 할 수 있는 위트와 유머로 가득 차 있기도 하다.

대학병원 화장실에
심장, 비장, 췌장, 신장이 낙서 되어 있고
아래에는 다른 굵기의 펜으로
간장, 게장, 춘장, 된장이 적혀
요리사가 다녀간 걸 추정할 수 있었다

병장, 준장, 소장, 중장, 대장에 이어
경장, 경정, 총경, 청장이 적힌 걸로 봐서
계급에 꽤 해박한 사람도 다녀갔나 보다

그 아래 '젠장'이라고 굵고 짧게 적은
한 비관주의자도 다녀갔고
남장, 여장이라 적힌 예쁜 글씨체를 보니

성 정체성을 고민하는 누군가도 다녀갔나 보다

선장, 어장, 염장을 적어볼까 하고
안주머니 펜을 찾는 날 발견하고 웃는데
변기 안에서 파도가 출렁였다.

—「화장실 낙서」 전문

대학병원은 삶의 고통이 적나라하게 드러나는 공간이다. 시인은 그 대학병원의 화장실에 적힌 낙서를 제제로 삼은 시에서 삶의 고통을 해학적으로 승화시키고 있다. "심장, 비장, 췌장, 신장"에서 느껴지는 고통의 간절함과 "간장, 게장, 춘장, 된장"의 삶의 일상성, "병장에서 청장"으로 이어지는 삶에의 욕망이, 가볍지만 그렇지만은 않은 언어유희를 통해 넘나들고 겹쳐든다. 대학병원에서 느껴지는 이런 삶의 신산을 시인은 "젠장"이라는 비관주의자의 낙서를 등장시켜 해학적으로 반전시켜 버린다. 사실 그렇다. "젠장"이라는 비속어만큼 삶에 어울리는 언어가 있을까. 누군들 병에 걸리고 싶어서 걸렸을 것인가. 살다보니 그렇게 된 것이니 어쩌겠는가. 그야말로 "젠장"인 것이다. 그 이후로 이어지는 "남장, 여장"은 성소수자에 대한 시인의 균형잡힌 인식까지도 느낄 수 있도록 만든다. 거기에 시인은 자신의 삶을 부가하려고

한다. 그렇게 "선장, 어장, 염장"을 적어 넣을 생각을 하다가 나오는 웃음은 이미 승화된 웃음이다. 그러니 당연한 일이다. "변기 안에서 파도가 출렁"이는 것을 목격한 것은.

이 시집은 그런 해학들로 출렁거리고 있다. 시 「반딧불족」의 담배 피우는 중년의 아저씨들을 "깜박이는 반딧불"이자, "심정적 동지이자 폐가 검은 형제들"로 표현하는 부분에서는 미소가 배어나오고, 고장 난 벽시계는 "호상"(「고장 난 벽시계」)이 된다. "체리 익어가나요?"라는 물음에 "철이가 일어나?"(「앵두꽃」)라는 손녀와 할머니의 전화통화에는 앵두같은 웃음이 열리는 듯하다. 아이들의 갈등(「서열」)도 시인에게는 마냥 즐겁다. 「희섭이 뺨 세 대 맞은 이유」는 어려운 시절을 웃음으로 회상하는 여유도 펼쳐진다. 「참새」의 억울함도 「손걸레」 친구도 「똥꽃」 친구 부부도 「빈모유감」 속 시인도 넉넉한 웃음 속에서 어깨동무하며 살아가고 있는 것이다. 물론 모든 삶이 해학으로 승화되는 것은 아니다. 여전히 시인은 시 속에서 아픔 쪽으로 자신을 열어놓고 있다. "화려한 불꽃축제 구경하러 오"라는 시인의 말에 "내 삶이 더 불꽃같은데 무슨 불꽃"(「불꽃축제」)이라고 답하는 친구를 생각하며 축제를 제대로 즐기지 못하고, 직원의 "온기 없이 꽁꽁 언 도시락"(「냉동 도시락」)을 보며 가슴 아파한다. 초양도 유채꽃 밭에서 세월호의 아픔을 외면하는 정치인의 행태를 탄식(「초양도 유채밭에서」)하기도 한다. 시인이 "귀뚜라미 깊어지는 울음에서야/가슴이 공허하다는 사실을 알아차"(「가을이 깊다」)리기도 하는 것은 "가슴 안에서도 겨울비가 내리던 밤"(「이사가던 날」)이 "얼음겨울"로 가득찬 "급냉실"(「수산시장의 봄」)로 마음 깊숙한 곳에 있기 때문인지도 모른다. 하지만 시인은 넉넉한 유머와 해학을 통해서 조금씩 얼음을 녹이며, 시를 통해 승화시키며 살아왔고, 또 살아가고 있다.

푸름에 웅크린
지난 겨울날의 음산한 그늘

체온보다 낮은 언 땅에서
끝내 봄을 키워낸다

계절보다 먼저
계절보다 더 푸른

서러움 말끔히 지운
달달한 부드러움

입안에서 사근거리는

봄 또는 겨울

—「봄동」 전문

"지난 겨울날의 음산한 그늘", "체온보다 낮은 언 땅에서/ 끝내 봄을 키워내"는 것은 독한 것이 아니라 강인한 것이다. 그래서 "계절보다 먼저"일 수 있고, "계절보다 더 푸를" 수 있다. 서러운 마음은 독함의 양분이 되지만, 부드러운 마음은 강인함의 양분이 된다. 그러므로 시인의 "입안에서 사근거리는" 봄동은 화사하기만 한 "봄"이 아니라 "겨울"을 품고 있는 "봄"이다. 시인에게 겨울과 봄은 다른 계절이 아니다. 한 때 시인에게 삶이 겨울이라는 계절로만 채워졌다면, 지금 시인의 삶은 "봄인 동시에 겨울"인 계절로 채워져 있다. 봄과 겨울 사이에 여름과 가을이 있고, 겨울과 봄 사이에 기적이 있다. 생각해 보라, 우리는 늘 기적을 겪고 살아간다. 얼어붙었던 대지가 풀리고, 나무 위에 움이 트는 봄이 매년 계속된다는 것만큼 기적적인 것이 어디 있을까. 봄을 기적으로 받아들일 줄 아는 사람에게는 어떤 겨울도 겨울이 아니고, 봄마저도 봄이 아니다. 모든 계절은 받아들이며 내어주는 순환일 뿐, 어떤 계절도 영원하지는 않은 것이라는 인식이 시인의 시편들 밑자리에 배어있는 것이다.

다시 괴테의 말을 빌려 보자. "모든 이론은 회색이다. 그러나 살아 있는 생명의 나무는 푸르다." 그렇다. 심층생태학이며 타자철학을 아무리 읽은들, 생활 속으로 펼쳐지지 않으면 잿빛 관념일 뿐이다. 통째로 사람과 세상에게 아프면서도 행복하게 열리고 들려 있는 명호경 시인의 시집을 읽으며, "살아 있는 생명의 나무"가 되어 "푸르른" 길이 되는 삶과 시는 어떤 것이어야 하는 지 한 번 더 돌아보게 된다.